DES VICES

DU

RÉGIME HYPOTHÉCAIRE

EN FRANCE.

IMPRIMERIE DE H. FOURNIER, RUE DE SEINE, Nº 14.

DES VICES

DU

RÉGIME HYPOTHÉCAIRE

EN FRANCE;

D'APRÈS LESQUELS LES PRÊTEURS SUR HYPOTHÈQUE
ET LES ACQUÉREURS D'IMMEUBLES
N'OBTIENNENT QU'UNE GARANTIE ILLUSOIRE :
SUIVIS
DE VUES PROPRES A ÉTABLIR UN NOUVEAU SYSTÈME
SUR LA TRANSMISSION DES PROPRIÉTÉS FONCIÈRES.

Par A. A. SAUTAYRA,

DOCTEUR EN DROIT,
AVOCAT A LA COUR ROYALE DE PARIS.

PARIS,

Mme Ve CHARLES-BÉCHET, LIBRAIRE,
QUAI DES AUGUSTINS, N°s 57 ET 59.

Août 1829.

AVIS.

L'opuscule que je livre aujourd'hui au public n'était pas destiné à voir le jour; la pensée seule qu'il peut être utile m'a déterminé, aux dépens de ma vanité, à servir la cause du bien public.

Le prix proposé par M. Casimir Perrier, le 9 février dernier, réveilla en moi l'idée de coordonner les matériaux que j'avais rassemblés quelques années avant, et de lui présenter, sous la forme d'un mémoire (1); quelques vues d'améliorations qui contrarient le système hypothécaire dont M. Decourdemanche vient de donner une seconde édition corrigée et augmentée.

Loin de moi l'intention de déprécier par cette publication l'ouvrage de l'un de mes confrères, qui a traité une question d'un aussi haut intérêt pour la fortune privée. Toutefois, malgré un talent supérieur, on peut bien quelquefois ne pas atteindre le but utile et vrai, *errare humanum est;*

---

(1) Ce Mémoire, déposé le 3o avril dernier, a pour titre : *Mémoire à M. Casimir Perrier, député de la Seine, sur divers changemens à faire éprouver au code civil à l'occasion d'un nouveau système hypothécaire;* avec cette épigraphe :

..... Non levia aut ludicra petuntur
Præmia.
Virg. Æneid. xii. 764.

1

et sans me faire illusion, mettant de côté toute
espèce d'amour-propre, j'ai cru devoir appeler
sur les modifications ou réformes que réclame, suivant moi, le code civil relativement à la translation
des immeubles, toute la sévérité de la critique
des jurisconsultes et des publicistes, ferme-
ment persuadé d'ailleurs que la publicité seule
peut faire connaître les vices d'un système nouveau, car une critique sage, éclairée et juste, fait
en partie l'office de l'interprétation et de l'appli-
cation. Du choc des opinions très-souvent jail-
lit la lumière; or l'on ne doit rechercher que la
vérité, rien que la vérité (1).

Si j'ai été assez heureux pour indiquer quelque
moyen propre à établir la propriété des immeubles sur des bases solides et immuables, ou simplement pour attirer l'attention publique sur
quelque opinion qui puisse être comparée avec
d'autres, je croirai m'être acquitté d'un devoir;
mon but sera atteint.

---

(1) J'appelle de tous mes vœux les réflexions de tous ceux qui
me liront; aussi recevrai-je avec plaisir les adhésions ainsi que les
critiques que l'on voudra bien m'adresser, désireux de rectifier
les erreurs que je dois avoir avancées.

DES VICES

DU

RÉGIME HYPOTHECAIRE

EN FRANCE;

SUIVIS DE VUES PROPRES A ÉTABLIR UN NOUVEAU SYSTÈME
SUR LA TRANSMISSION DES PROPRIÉTÉS FONCIÈRES.

CHAPITRE PREMIER.

APERÇU HISTORIQUE SUR LA LÉGISLATION HYPOTHÉCAIRE.

LORSQUE la confiance cessa de présider aux diverses sortes d'engagemens , on demanda des garanties qui en assurassent l'exécution : telle fut probablement la première cause de l'impignoration , d'abord des meubles, ensuite des immeubles , et enfin de l'affectation de ses propriétés pour l'acquittement d'une dette.

On ne trouve l'hypothèque établie chez les différens peuples , que lorsqu'on fut obligé de graver ou d'écrire les lois. Serait-ce le premier indice de la mauvaise foi ?

1° Chez les Grecs , on donnait ou la possession de l'immeuble engagé , ou seulement un droit sur tel héritage. Dans ce dernier cas , le débiteur n'était point dépossédé, mais seulement il ne pouvait aliéner la propriété qu'avec la charge dont elle était grevée envers le créancier ; à cet effet, on plaçait sur l'objet hypothéqué de petites colonnes chargées d'inscriptions qui rappelaient les obligations dont il était affecté. Par ce moyen, on rendait publique la mesure du crédit de l'emprunteur ; le créancier avait toujours le droit d'exiger l'acquittement de sa créance, de sorte que les hypothèques ne pouvaient être que temporaires.

2° A l'imitation des Grecs, les Romains hypothéquèrent avec ou sans la possession de l'objet ; dans ce dernier cas, l'hypothèque était plus souvent spéciale que générale, mais ce n'était que rarement qu'elle n'était pas occulte. Aussi le débiteur pouvait-il facilement tromper ses créanciers. Toute espèce de biens était susceptible d'hypothèque, meubles et immeubles. Elle se constituait par la tradition, d'où résultait bien un certain degré de publicité, mais leur usage devint si fréquent qu'on se relâcha successivement de la première rigueur du droit : un simple pacte suffit alors. Ainsi un débiteur obéré trouva encore les moyens d'emprunter, et le bailleur de fonds n'eut réellement plus aucune garantie certaine. Le défaut de publicité l'avait rendue illusoire, et l'on crut en quelque sorte la rétablir par l'introduction des lois pénales contre les stellionataires.

Certaines créances auxquelles les Romains avaient attaché un droit de préférence à raison de leur qualité favorable, vinrent encore troubler la sécurité des créanciers. Telles étaient les créances résultant des frais de justice pour la conservation des biens des débiteurs; des honoraires des médecins, pendant la dernière maladie ; des frais funéraires ; des frais de transport et de voiture sur les objets mêmes ; **des frais de dépôt sur les choses déposées.**

3° En France, les coutumes de quelques provinces du nord consacrèrent le principe de la publicité des hypothèques, résultant, selon les unes, des nantissemens, selon les autres, de l'ensaisinement ou inféodation et de l'investiture ; mais la généralité, et surtout les provinces régies par le droit écrit, ne consentirent que des hypothèques occultes, dont le résultat était, qu'à l'expropriation, le créancier s'apercevait trop tard qu'il était victime de la garantie qu'il avait cru trouver dans une hypothèque.

De même qu'à Rome, par des raisons d'humanité, d'équité et d'ordre public, certaines créances étaient privilégiées ; mais comme il y en avait un plus grand nombre, la garantie diminua d'autant.

On suivait en général les règles tracées par le droit romain, auxquelles l'usage fit introduire de nombreuses et capitales exceptions. Ainsi certains engagemens produisirent hypothèque malgré le débiteur : telles étaient les hypothèques légales et judiciaires, qu'un auteur distingué, mais peu connu, BALLEROY DE REINVILLE, appelle hypothèques adultères.

Dès le quinzième siècle, l'hypothèque se trouva légalement établie sans stipulation formelle par le seul fait de l'authenticité du titre, c'est-à-dire que, par cela seul qu'on avait consenti une obligation par acte authentique, on avait affecté ses immeubles pour sûreté de son entière exécution ; de là généralité et clandestinité.

On déclara que les meubles n'auraient pas de droit de suite par hypothèque, dans le cas où ils sont hors la possession du débiteur. La plupart des provinces

comprirent bien que ce n'était pas retirer aux créanciers la garantie qu'ils avaient sur les meubles des
débiteurs , mais qu'on restreignait l'hypothèque sur
les meubles au droit de priorité. C'était éviter de
mettre le trouble dans la possession des tiers de
bonne foi. Pour les autres provinces , elles considé-
rèrent que la loi, qui statuait que *les meubles n'ont pas
de suite par hypothèques* , abrogeait l'hypothèque générale sur les meubles. Ainsi le créancier perdit l'a-
vantage de l'affectation générale et occulte sur les
meubles, quoique non aliénés.

Des abus intolérables réclamaient impérieusement
qu'on fît des améliorations ; il y en eut quelques-
unes d'utiles, mais on ne détruisit pas le mal dans sa
cause , en conservant la généralité et la non-publicité
des hypothèques.

Le nantissement féodal ou coutumier donnait bien
une espèce de publicité ; car l'ensaisinement ou inféodation de même que l'investiture était une véritable
tradition , dont l'effet était de consolider la possession
entre les mains de l'acquéreur. Par un édit de 1533 ,
Henri II tenta d'établir la publicité des hypothèques;
il ordonnait l'enregistrement de tous les actes : or,
loin de remédier aux désordres du droit coutumier,
il les étendit par sa généralité. Cet édit ne pouvait
produire aucun effet utile relativement aux hypothèques; aussi fut-il révoqué , à cet égard seulement , par
Charles IX , au mois de janvier 1560. Quelques années avant, en 1551 , Henri II avaitdonné un édit des
criées , qui est demeuré en vigueur jusqu'à la révo-
lution; antérieurement les ventes faites par autorité
de justice mettaient l'adjudicataire à l'abri de toute
éviction; mais après l'édit , les décrets étaient sus-

ceptibles d'éprouver trois sortes de réclamations **sous**
le nom générique d'opposition : 1º à fin de **nullité;**
2º à fin de distraire ; 3º à fin de charge.

Prétextant la publicité, Henri III ordonna , **par un**
édit de 1581, que *tous contrats fussent contrôlés et enre-*
gistrés , autrement que l'on n'acquerrait point le droit de
propriété ou d'hypothèque sur les héritages. Cet édit était
plus fiscal qu'il ne rendait les hypothèques publiques.
Il fut révoqué par un autre de 1588. Cependant le
contrôle ayant eu d'heureux effets, Henri IV l'établit
en Normandie par une déclaration de 1606.

La clandestinité des hypothèques entraînait de si
graves abus que Sully fait le vœu, dans ses Mémoires ,
« qu'aucune personne, de quelques condition et qua-
« lité qu'elle puisse être, n'eût pu emprunter sans qu'il
« fût déclaré quelles dettes pouvait avoir déjà l'em-
« prunteur, à quelles personnes , sur quels biens. »

Par un édit de 1627, Louis XIII rendit le contrôle
commun à toute la France ; par là des abus furent
réprimés , mais on n'en extirpa point la racine. Parut
alors, au mois de mars 1673 , le célèbre édit de
Louis XIV, portant établissement des greffes et enregistrement des oppositions pour conserver la préférence aux hypothèques ; c'était un moyen d'arriver à
un certain degré de publicité, si d'ailleurs il n'eût pas
fourmillé de vices plus formidables que ceux que l'on
voulait réprimer. Aussi l'année suivante , un nouvel
édit vint anéantir cet avorton législatif, rédigé avec
une si inconcevable légèreté , que l'on serait presque
tenté de douter s'il a été fait à cette époque. N'ayant
pu rendre les hypothèques publiques, Louis XIV, en
lui faisant subir quelques modifications utiles , con-
firma , par un édit de 1693, l'institution du contrôle

dont l'effet, relativement aux hypothèques, était uniquement d'empêcher les antidates. Il maintint l'insinuation, et même, en 1703, il l'étendit à toute espèce d'actes.

Pendant plus d'un demi-siècle, le législateur ne fit aucun changement; enfin l'édit de juin 1771, malgré les nombreuses réclamations auxquelles donnèrent lieu ses imperfections, et les abus qu'il laissait subsister, apporta quelques améliorations. En effet, on vit disparaître les décrets volontaires (1); l'acquéreur paya avec sécurité le prix de la vente, en rendant public son titre d'acquisition et en obtenant des lettres de ratification qui purgeaient les hypothèques et auxquelles les créanciers avaient droit de s'opposer. Il fut permis de surenchérir sur le prix de la vente, pour éviter toute espèce de collusion; mais cette loi ne changea en rien la position des créanciers hypothécaires; de même qu'auparavant, ils ne connaissaient qu'à l'ouverture de l'ordre s'ils seraient ou non payés, puisque l'hypothèque ne prenait pas jour de l'opposition.

4° Ce fut dans cet état de malaise et de perplexité que l'on vit, non sans crainte, s'établir le système hypothécaire de la loi du 9 messidor an III, qui ne tendait à rien moins qu'à mobiliser tout le territoire français, en le mettant en circulation, à l'aide d'une hypothèque sur soi-même, par voie de cédules hypothécaires. Elle inspira la défiance et le décourage-

---

(1) C'était une voie oblique pour purger une propriété. Dans la même forme que les décrets de justice, on expropriait le propriétaire en vertu d'actes notariés faussement causés; le propriétaire malgré le titre, n'étant pas le débiteur de celui qui poursuivait l'expropriation.

ment; néanmoins, écartant le système de mobilisation, on s'aperçoit que le législateur désirait établir en principe la publicité de l'hypothèque consentie par un tiers. On laissait au créancier la libre faculté de faire inscrire son titre partout où il le jugerait convenable, même dans les arrondissemens où **le débiteur** n'avait aucune propriété territoriale. L'hypothèque cessa d'être indéfinie et n'eut d'effet que pour l'inscription. Cette loi ne conserva des privilèges que les contributions foncières, le prix dû au bailleur foncier et les frais de récolte.

Enfin parut la célèbre loi du 11 brumaire an VII, émise à une époque où les esprits étaient plus calmes; le législateur posa d'abord en principe que l'hypothèque serait spéciale et rendue publique par l'inscription sur des registres ouverts à tout le monde. Les actes d'acquisition ou d'emprunt furent soumis à cette formalité. L'hypothèque ne prit rang que par l'inscription, qui fut aussi nécessaire pour conserver les privilèges sur les immeubles que cette loi rétablit. Aucune hypothèque ne fut ni occulte ni générale, mais il était permis par des inscriptions ultérieures de faire porter l'hypothèque sur les biens acquis postérieurement. Sous ce régime hypothécaire, le créancier eut une garantie plus suffisante que celle dont il avait joui avant et depuis le Code civil. En général, il ne pouvait s'imputer qu'à lui-même d'avoir contracté avec un insolvable, et, sous plus d'un rapport, l'on peut dire que le législateur avait atteint le but qu'il s'était proposé.

CHAPITRE II.

VICES DU SYSTÈME HYPOTHÉCAIRE DU CODE CIVIL.

LES rédacteurs du Code civil prirent pour devise : *Spécialité et publicité des hypothèques.* Les plus grands bienfaits pouvaient en être la conséquence ; mais après l'avoir hautement proclamée, l'exécution lui porta plus d'une atteinte ; de telle sorte qu'on peut dire avec justesse que le système hypothécaire qui nous régit a généralement pour base la *généralité* et la *clandestinité* des hypothèques.

Lors de la discussion au Conseil d'État du titre des privilèges et hypothèques, on fit une transaction, comme on en avait déjà fait, à l'égard des successions, du contrat de mariage, etc. Les cours d'appel consultées avaient demandé le maintien pur et simple de la loi du 11 brumaire an VII ; on ne fit cas de leur vœu, et l'hypothèque devint en partie publique en partie occulte.

Ainsi formée d'élémens hétérogènes, la loi sur les hypothèques ne devait produire que tourment pour les interprètes, et procès pour les justiciables. En effet, si l'on consulte la jurisprudence, on trouvera que presque la moitié des causes se rattache directement ou indirectement à des matières hypothécaires.

Le législateur du Code civil, ainsi que celui du Code de procédure, en perfectionnant l'édit de 1771, ont sacrifié les intérêts du prêteur à ceux de l'acquéreur.

1º Comment se défendre contre le privilège des précédens propriétaires de la chose vendue, dispensés de l'inscription;

Contre le privilège d'un architecte, d'un légataire dont les inscriptions prises après celle du prêteur, qui aura engagé ses capitaux, obtiendront légalement la préférence : après un certain délai, il pourra connaître quel est son sort en acquérant la triste certitude que son débiteur est obéré;

Contre les hypothèques légales dispensées d'inscription : aucune voie ne lui est ouverte pour en prendre connaissance;

Contre l'hypothèque conventionnelle sur biens à venir.

La femme mariée que l'on a cru protéger par la dispense d'inscription est, par cela même, conduite à sa ruine; car le capitaliste refuse de prêter au mari jusqu'à ce qu'elle se soit solidairement obligée; d'où il suit qu'elle perd non-seulement ses reprises, mais encore sa fortune éventuelle : or, malgré ce, le prêteur est loin d'être assuré. Il n'a qu'une garantie précaire, factice. Ne peut-il pas exister d'autres hypothèques légales au profit d'un mineur, d'un interdit, du trésor, etc.? La femme ne pourra-t-elle pas s'obliger de nouveau? Or, dans cette hypothèse, supposons qu'une femme ait contracté plusieurs engagemens à différentes époques, excédant sa fortune, lequel de ses créanciers sera préféré? Les fera-t-on venir par contribution? ou bien, comme le veut la jurisprudence, le plus ancien créancier en titre sera-t-il considéré comme premier cessionnaire des droits de la femme? cession qu'aucun des créanciers postérieurs n'a pu connaître ; encore faut-il supposer que le prêteur ne rencontrera sur sa route ni mineur, ni privilégiés.

Comment encore parer aux privilèges généraux sur les meubles qui s'étendent sur les immeubles, quand les premiers ne suffisent pas.

2° Non-seulement le prêteur n'est pas suffisamment garanti par la constitution de l'hypothèque, mais encore il ne sait comment rentrer dans ses capitaux à l'échéance. Pour les recouvrer, il est obligé d'intenter une action longue, ruineuse et périlleuse, l'expropriation forcée, à la suite de laquelle on ouvrira un ordre. Combien cela ne demande-t-il pas de temps?

Bien plus, comment fera-t-il pour se faire payer les intérêts? Après commandement de payer, il fera saisir son débiteur. Sans compter les longueurs que cette procédure entraînera pour des intérêts quelquefois minimes, mais indispensables aux créanciers, et les frais qu'elle occasionera, le créancier hypothécaire aura-t-il au moins une préférence sur les créanciers chirographaires qui auront saisi avant lui ou qui viendront se réunir à sa saisie?

3° Nous avons dit que notre législateur s'était plus occupé des intérêts des acquéreurs que des intérêts des prêteurs; examinons d'abord comment il peut repousser l'action en revendication.

L'acquéreur ne peut-il pas être évincé, soit par un précédent vendeur à pacte de réméré ou à vil prix, soit par un donateur en cas de survenance d'enfant, soit par un héritier qui demande sa portion ou la réduction? Il peut, il est vrai, jusqu'à un certain point, éviter la revendication pour cause de réméré ou de lésion, en se faisant représenter les titres de propriété. Mais comment fera-t-il pour éviter la revendication que fera, 1° un donateur à qui, depuis la donation, il est survenu un enfant légitime; 2° un héritier qui fait une pétition d'hérédité; 3° un héritier à réserve qui demande la réduction, etc.; et le vendeur, eût-il une possession plus que trentenaire, n'offrirait pas à l'acquéreur une garantie certaine, ne le mettrait pas à l'abri de toute espèce d'éviction.

Bien plus, que fera-t-il s'il se présente des acquéreurs ou des ayant-droits avec des titres, ayant date certaine et antérieure? Comment les repoussera-t-il? par quelle action? Et si on lui présente de faux titres ou des titres tronqués, sur la foi desquels ils se décide, quel est le moyen que lui offre la loi pour en vérifier l'authenticité ou l'intégrité?

4° S'il ne peut éviter l'action en revendication, peut-il au moins se prémunir contre l'action hypothécaire?

L'avis du Conseil d'Etat du 1er juin 1807 a rempli une lacune du Code civil, à l'égard de la purge des hypothèques légales inconnues. L'intention du législateur, en accordant des dispenses d'inscriptions, n'était pas d'entraver la circulation des propriétés foncières; aussi après avoir montré dans le Code civil la marche à suivre par l'acquéreur pour échapper aux hypothèques légales connues, a-t-il cru devoir en ouvrir une pour celles que l'on ignorait.

L'acquéreur n'a qu'à déposer au greffe le contrat, dont un extrait est notifié au ministère public, à la femme mariée ou au subrogé tuteur, lorsqu'ils sont connus; on l'insère dans le journal du département, s'il en existe un, autrement un simple certificat du procureur du roi constatant qu'il n'y a pas de journal, vaudra insertion et publicité.

Ainsi donc la faveur accordée aux incapables par le moyen de l'hypothèque légale non inscrite, tourne contre eux par la facilité qu'a l'acquéreur de purger à leur insu.

Supposons que l'acquéreur puisse éviter les hypothèques du chef du vendeur, comment pourra-t-il se garantir des hypothèques inscrites ou non sur les précédens propriétaires dont il ignore les noms ?

Pour être rassuré contre les actions hypothécaires, il faudra qu'il ait joui, après la transcription de son contrat, d'une possession publique et passible de dix ou vingt ans, et pour éviter le privilège d'un vendeur il lui faudra une possession paisible et publique de trente ans. Sans préjudice, toutefois, dans l'un et l'autre cas, des suspensions légales.

5° Maintenant si nous ajoutons que le vendeur ou l'emprunteur peuvent être mineur, femme mariée, interdit, privé en tout ou partie de l'exercice ou de la jouissance des droit civils, cessionnaire judiciaire de ses biens, condamné à d'énormes restitutions envers le trésor, arrêté correctionnellement ou criminellement avant la transcription ou la purge, il peut aussi avant la vente avoir laissé protester des effets, et si la faillite remonte avant la vente ou dans les dix jours de l'inscription hypothécaire, ne sommes-nous pas en droit de demander quelle est la sécurité qu'offre notre législation, quand aucune voie ne nous est ouverte pour demeurer acquéreur sans chances d'éviction ? Est-ce la prescription ? nous serons donc condamnés à vivre le tiers de notre vie sans certitude ; et d'ailleurs par combien de causes inconnues aux parties ne peut-elle pas être interrompue ou prolongée. Invoquerait-on la peine du stellionat? rend-elle les capitaux?

6° En résumé nul ne peut être certain de recouvrer ses capitaux par voie d'hypothèque, même lorsqu'il serait inscrit en premier rang ; il n'a que la chance plus ou moins probable du remboursement. De même que nul ne peut se croire propriétaire de l'immeuble qu'il possède ; chaque jour il peut être inquiété par une demande, à fin d'éviction ou de paiement d'une créance hypothécaire.

7° La conclusion à tirer est celle-ci : d'un côté, le capitaliste n'ose aventurer ses fonds, soit pour prêter soit pour acquérir, car il n'a pas plus de chance dans l'un comme dans l'autre cas de faire un placement profitable ; d'un autre côté, le propriétaire veut-il emprunter, il ne peut offrir des garanties certaines; veut-il vendre, ce ne sera qu'après de longues formalités toujours ruineuses pour lui, qu'il fera connaître à son acquéreur sa véritable position.

Pour éviter l'action en revendication et l'action hypothécaire, l'acquéreur devra notifier le contrat aux ayant-droits, afin de faire courir les délais de la surenchère. Pendant ces longues formalités, loin d'acquitter ses dettes, le propriétaire est accablé de poursuites, dévoré par l'énormité des frais, et de solvable qu'il eût été s'il eût pu vendre et toucher de suite le prix, la loi le met dans l'impossibilité de remplir ses engagemens.

Il importe à l'acquéreur et au prêteur autant qu'au vendeur et à l'emprunteur de donner ou de recevoir le plus promptement possible. Le retard cause du préjudice à l'un et ruine l'autre. Une bonne loi doit donc hâter l'effet de l'emprunt comme de la vente.

CHAPITRE III.

DU TAUX DE L'INTÉRÊT.

Par des lois répressives on a cru éteindre l'usure ; mais avant d'infliger des peines , on aurait dû la définir.

Dire qu'il y a usure quand on prête de l'argent au-dessus du taux fixé par la loi , n'est pas faire connaître son essence , sa nature. Pourquoi d'ailleurs la limiter au prêt d'argent ? Si l'usure existe pour une matière, pour une valeur , pourquoi n'existe-t-elle pas pour toutes les autres ?

En effet, pourquoi ne pas qualifier d'usurier et poursuivre comme tel celui qui , par exemple , achète un immeuble en faisant éprouver une lésion de plus de moitié. Certes le vendeur éprouve un plus grand préjudice quand , sur un immeuble valant 144 , il reçoit 84 seulement, que celui qui emprunte 144 pour rembourser un an après 153.

La loi ne devrait fixer un taux que pour le cas où les parties ont négligé de le déterminer. Ainsi toutes les fois qu'il y aurait une stipulation expresse, c'est à elles qu'appartient le droit de débattre leurs intérêts ; le législateur doit éviter d'entraver les affaires , et de forcer les parties à agir frauduleusement contre ses décrets.

Les meilleures lois sont celles qu'on ne peut enfreindre, parce qu'elles sont toujours respectées. Pour cela , il ne faut pas mettre le citoyen dans cette alternative malheureuse , ou de ne pouvoir trouver ce dont il a besoin , et d'être arrêté dans le cours de ses opérations ; ou de méconnaître l'autorité de la loi. Il est contraint de la violer, parce qu'elle est impérieuse là où elle devrait être facultative.

Rétablir le libre taux de l'intérêt serait un bienfait ; il suffit pour cela de révoquer purement et simplement la loi du 3 septembre 1807, qui limite l'intérêt conventionnel. Le prêt à intérêt est-il différent du louage ou de la vente, et mieux encore de l'échange? Quelle différence trouve-t-on à louer une somme d'argent pour un certain temps moyennant telle rétribution , avec le louage d'un objet quelconque; à vendre une somme d'argent à condition qu'on en paiera tel prix à telle époque, avec la vente à terme; à échanger une somme d'argent contre telle somme d'argent livrable à tel jour, avec l'échange d'une maison, dont la translation de propriété est de suite opérée , contre telle autre maison, dont la mise en possession n'aura lieu que plus tard ?

Peut-on croire que cette liberté fera élever le taux de l'intérêt? Non certes; car s'il est vrai qu'à raison des chances , comme on le prétend généralement, le prêteur soit autorisé à élever ou à baisser le taux ; on peut dire, pour le prêt hypothécaire , que tel qui, par un bon contrat, se fût contenté de 5 1/2 p. 0/0 ou 6 p. 0/0, exige 7 ou 8 p. 0/0 , en stipulant 5 p. 0/0 dans l'acte, et se faisant faire des billets à ordre pour ce qui ne lui aura pas été garanti dans son titre, si même il ne reçoit d'avance le complément. L'élévation du taux lui sera-t-elle objecté? Il prétendra courir des chances, puisque la loi le contraint à n'exiger que 5 p. 0/0. Ainsi le législateur , par la limitation du taux et par sa répression, produit l'effet contraire de ce qu'il s'était proposé.

Pourquoi l'argent est-il une chose hors du commerce, ou du moins, pour parler plus justement, pourquoi n'y es-til pas ainsi que toutes les autres choses? Ne serait-il pas avantageux qu'il fût considéré comme une marchandise, quand on l'emprunte, semblable à un effet que l'on escompte ou que l'on prend sur une autre ville ?

CHAPITRE IV.

DES LOIS FISCALES.

Si la non-sécurité des acquéreurs et surtout des prêteurs est la principale cause pour laquelle le prêt hypothécaire devient chaque jour moins fréquent, on doit aussi attribuer cet effet aux lois fiscales, qui, par les droits d'enregistrement, augmentent beaucoup trop et le prix d'acquisition et l'emprunt.

Établir un droit fixe pour toute espèce d'obligation serait une heureuse innovation autant que profitable au trésor. Il faudrait aussi déterminer les honoraires dus aux notaires.

Le droit proportionnel est ruineux soit pour l'emprunteur, soit pour l'acquéreur, soit pour le cédant, et, joint à la rétribution de l'officier ministériel, il augmente tellement les frais que l'on se rebute.

Emprunter, céder, acquérir, sont par eux-mêmes assez dispendieux, sans que le législateur vienne encore imposer des frais accessoires exorbitans. Qu'ils soient diminués, ni les notaires ni le trésor n'éprouveront de baisse dans la recette. La marche des affaires ne sera plus entravée; on préférera emprunter par acte authentique, parce qu'on aura plus de garantie ; les propriétés changeront plus facilement de possesseurs ; les actes de cessions seront fréquens; enfin, une foule de conventions et d'actes qu'on évite de faire enregistrer, ou de passer par-devant notaire, le seront dorénayant. De la multiplicité naîtrait le gain, et pour l'avantage général, le fisc, au lieu d'éprouver une perte, serait au moins indemnisé, si même il n'éprouvait pas une augmentation considérable dans sa recette.

Il est avantageux aujourd'hui, peut-être plus que jamais, d'user modérément des actes sous signature privée. Si la civilisation produit de grands avantages, elle a aussi quelques inconvéniens. L'éducation est plus répandue, mais elle n'a pas encore atteint un assez haut degré de perfection morale, et l'éducation matérielle peut avoir des effets pernicieux, soit pour les contractans, soit pour les tiers. N'est-il pas plus facile de contrefaire un acte privé qu'un acte authentique?

En définitive, par la diminution des droits du fisc, on augmentera la fortune et la sécurité publiques, car plus il y aura d'actes publics, plus il y aura de garantie, et par conséquent beaucoup plus de commerce et beaucoup plus de recette.

CHAPITRE V.

NOUVEAU SYSTÈME DE TRANSMISSION DES PROPRIÉTÉS
FONCIÈRES.

DANS toutes les nouvelles lois hypothécaires, on a décrété que l'hypothèque devait cesser d'être occulte, et l'on a crû reconnaître que la publicité pouvait seule garantir tous les intérêts. On s'est, il me semble, trompé dans cette appréciation. La publicité n'est pas un but, c'est un moyen. Toute bonne loi hypothécaire doit donner non-seulement les moyens d'acheter et de prêter avec sécurité, mais encore ne doit faire jouir un propriétaire d'un crédit, qui outrepasse ses véritables facultés ; or donc, si elle ne satisfait pas à cette double condition, elle est vicieuse dans son essence.

Tout système hypothécaire se rattache nécessairement à l'ensemble de la législation ; il ne peut donc produire son effet qu'autant qu'il est coordonné au système général de la transmission des droits réels, des sociétés entre époux, de la tutelle, etc.

Si, dans les lois qui nous régissent, nous rencontrons tant de difficultés à vaincre, la cause principale vient de ce qu'elles ont été faites de pièces et de morceaux ; un système a été suivi, puis abandonné, repris et encore abandonné : aussi serait-ce en vain qu'on y chercherait une unité de doctrine.

§ Ier. DE LA TRANSLATION DE PROPRIÉTÉ DES IMMEUBLES.

Le système de translation des propriétés immobilières qu'ont adopté les rédacteurs du Code civil est difficile à comprendre. Les interprètes ont diversement entendu les articles 711, 1138, 1140, 1141, 1379, 1380, 1583, 1614, 2181, 2182, parce que le législateur a eu le tort de confondre l'obligation en elle-même, son effet et son exécution.

L'obligation est parfaite entre les parties par le seul consentement, mais ne transfère pas la propriété; cette translation est la conséquence d'une exécution. Ainsi, en principe, le législateur aurait dû dire : L'obligation confère au créancier une action personnelle, en vertu de laquelle le débiteur est contraint d'exécuter son engagement. L'inexécution de l'obligation peut se résoudre en dommages et intérêts. La translation de propriété ne s'opère que par la livraison, c'est-à-dire par la mise en possession. En effet, lorsque je m'oblige à donner, je reste propriétaire jusqu'à l'exécution, puisque j'use de l'objet tant qu'il est en ma possession, comme si je ne m'étais pas obligé à le livrer; ce n'est donc qu'après m'en être dépossédé que la translation s'est opérée.

En résumé, l'obligation confère un droit, tandis que la translation n'est qu'un fait subordonné à l'exécution de l'obligation, à moins de déclarer qu'elle ne soit un droit réel. Or, pour acquérir simplement une obligation, et par suite une action personnelle, le consentement suffit; mais pour acquérir le domaine ou l'un de ses démembremens, il faut un fait qui, à l'égard des tiers, ne puisse être révoqué en doute.

La propriété est ce droit absolu que les Romains définissaient, *jus utendi et abutendi suâ re*. Il nous présente une idée complexe, si nous le considérons comme formé par la réunion de plusieurs autres droits que nous appelons *réels*.

Le domaine ou la propriété d'un immeuble se compose, d'après nous, des droits réels suivans :

      1° La possession;
      2° La délivrance (1);
      3° Les servitudes;
      4° L'usufruit;
      5° L'usage;
      6° L'habitation;
      7° L'antichrèse (2) ;
      8° Le privilège ;
      9° L'hypothèque ;
      10° Le droit du fermier.

L'obligation, au moment où elle est consentie, ne dépouille pas le propriétaire de ses divers droits, elle accorde contre lui une action personnelle en vertu de laquelle on le contraint de s'en dépouiller en le forçant d'exécuter son engagement.

(1) La délivrance considérée comme droit réel évite les fraudes que pourraient faire les possesseurs d'immeubles en s'obligeant à livrer dans un temps donné, lorsque avant l'echéance ils n'ont pas craint de renouveler cette obligation en faveur d'un tiers; ainsi ils vendent deux fois, ou, pour parler plus correctement, ils s'obligent à livrer, c'est-à-dire à transférer la propriété d'un objet, à deux personnes différentes.

(2) Si j'ai fait de l'antichrèse un droit réel particulier, sans le confondre avec la possession, c'est parce qu'il m'a semblé qu'il ne devait pas durer aussi long-temps, et pour cela j'ai cru devoir le soumettre au renouvellement de l'inscription après dix ans.

La transmission de tout droit réel s'opère par une manifestation publique et indélébile, qui est le fait de l'exécution de l'obligation.

Cela posé, quel moyen employer pour constater ce fait? Le Code autrichien vient à notre secours. Il veut,

Que nul ne puisse transférer un droit réel immobilier, s'il n'est inscrit comme propriétaire de ce droit, si tant est qu'il soit transférable, sur les registres publics à ce destinés;

Que nul ne puisse se prétendre acquéreur s'il n'a fait inscrire son titre;

Que faute par le prétendant droit d'avoir observé cette formalité, il n'ait qu'une simple créance personnelle contre le débiteur;

Que nul ne puisse perdre sa propriété, soit le domaine, soit l'un de ses démembremens, sans l'inscription du titre de déchéance.

La distinction que nous avons ci-dessus établie s'y trouve parfaitement conservée. Veut-on acquérir un immeuble, en devenir propriétaire, il suffit de se faire transmettre la possession; car le possesseur ne peut être inquiété, et si le propriétaire n'a fait aucun démembrement, c'est-à-dire s'il n'a aliéné qu'un droit réel, par le seul fait de l'inscription on acquiert le domaine. Un immeuble ne doit être délivré qu'à une époque déterminée, mais on craint une aliénation dans l'intervalle; par l'inscription encore on évite la fraude.

Le même Code nous enseigne aussi que les acquisitions à titre onéreux ou à titre gratuit, ainsi que les transmissions entre-vifs ou à cause de mort, doivent être soumises à la même formalité.

Lorsqu'on aliène un droit réel, on détruit le domaine en ce sens qu'étant l'agglomération de tous les

droits réels, la distraction de l'un d'eux fait disparaître le droit absolu qu'il conférait, de telle sorte que le
domaine est indivisément possédé.

Ce système de transmission repose sur une base uniforme, *la publicité*. Il offre les avantages suivans :
plus d'évictions imprévues à craindre ; l'acquéreur et
le prêteur ne courront que la chance de la perte de la
chose. L'extrait de l'inscription fera connaître les
charges qui grèvent l'immeuble, par la généalogie des
divers propriétaires de droits réels, qui se sont suc-
cédé.

§ II. Droits des créanciers sur les héritages.

Ainsi que l'énonce l'article 2092 du Code civil, *qui-
conque s'est obligé personnellement est tenu de remplir
son engagement sur tous ses biens mobiliers et immobiliers, présens et à venir*. Ce principe est incontestable.
Sa conséquence est que, nonobstant l'abandon total
de tout ce qu'on possède, l'on n'en demeure pas
moins débiteur jusqu'à l'acquittement intégral de la
dette ; effet qui ne peut avoir lieu contre ceux qui se
sont seulement obligés réellement. Tels sont, le vendeur sans garantie, l'acheteur et le cessionnaire d'un
droit réel.

1. *Des Créanciers chirographaires.*

Les biens du débiteur sont le gage commun de ses
créanciers, en ce sens, selon moi, que si tel bien ne
suffit pas pour éteindre l'obligation, le créancier
pourra poursuivre son exécution sur tel autre bien.
Mais je ne puis penser que tous les créanciers chiro-

graphaires soient égaux en droit. Que les créanciers qui ont des causes légitimes de préférence , et que nous appelons plus volontiers copropriétaires de droits réels, doivent être désintéressés avant les créanciers simplement personnels, c'est juste. Mais pourquoi , comme le veut l'art. 2093 , le prix des biens d'un débiteur se distribue-t-il par contribution entre tous ses créanciers chirographaires? a-t-il avec eux tous contracté le même jour? n'en est-t-il pas dans le nombre qui, ayant prêté à telle époque, s'y seraient refusés plus tard? Ainsi il faut éviter d'assimiler le créancier qui a donné ses fonds dans un temps où le débiteur était solvable, avec celui qui, imprudemment, ou dans la vue d'un gain plus considérable , aura livré, peut être avec connaissance de cause , une somme presque au moment de la déconfiture du débiteur. Autant l'un mérite d'être protégé, autant l'autre a peu de droit à la commisération ; ou il a profité de la position fâcheuse du débiteur, ou il a imprudemment contracté. Or, est-ce une raison pour qu'un tiers paie la friponnerie ou l'imprudence?

D'après le Code hypothécaire bavarois, les créanciers chirographaires sont payés par antériorité de titre ayant date certaine, et c'est avec raison. Il faut seulement prendre les précautions nécessaires pour éviter les fraudes.

§ III. Des propriétaires de droits réels.

Les créanciers, ayant une cause légitime de préférence, étant, d'après le système que nous avons adopté sur la transmission des immeubles, copropriétaires du domaine, ont acquis par cela même la faculté d'user de leur droit comme bon leur semble. En conséquence, nous dirons que parmi les droits réels sont susceptibles de démembremens : la possession, la délivrance, l'usufruit, le droit du fermier, l'antichrèse, le privilège, l'hypothèque, les servitudes.

En effet chaque propriétaire de l'un de ces droits, doit avoir la jouissance d'en transférer en tout ou en partie la propriété. Seulement, au lieu qu'il s'agisse d'une chose corporelle, comme dans la translation du domaine, il n'est question que d'une chose incorporelle, qu'en quelque sorte l'on rend matérielle par la transcription ou l'inscription de l'acte, qui fait connaître aux tiers le nouveau possesseur.

Ainsi, sauf stipulation contraire dans le contrat, le propriétaire du droit de possession peut le céder, le donner à ferme, en promettre la délivrance, le grever d'usufruit, d'usage, d'habitation, de servitude, d'antichrèse, de privilège et d'hypothèque ; le droit de délivrance peut être grevé de privilège et d'hypothèque ; le droit d'usufruit du fermier, l'antichrèse, de tous les droits réels ; le privilège et l'hypothèque, du droit de délivrance de privilège et d'hypothèque.

Pour les droits d'usage et d'habitation, ils sont personnels et par conséquent incessibles. Quant aux services fonciers, pouvant être anéantis, on pourra les grever des droits de délivrance et de possession provisoire ou définitive.

Cela établi, nous allons nous occuper des privilèges et des hypothèques. Nous répéterons encore ici que sont susceptibles de privilèges et d'hypothèques, 1° la possession, 2° la délivrance, 3° l'usufruit, 4° le droit du fermier, 5° l'antichrèse, 6° le privilège, 7° l'hypothèque.

Telle est la base fondamentale de notre système hypothécaire ; il ne nous reste plus qu'à faire connaître quels sont les privilèges, quelles sont les diverses espèces d'hypothèques, et enfin certaines formes consolidant les garanties, auxquelles chacun a droit de prétendre pour rester dans la plus parfaite quiétude sur ce qui constitue sa fortune et son bien-être.

1. *Des Privilèges sur les immeubles.*

Le privilège est un droit qui dérive de la faveur que la loi attache à une créance, dont l'effet est de préférer un créancier à un autre ; de telle sorte que si la dette n'est pas d'elle-même privilégiée, on ne peut la rendre telle par l'effet d'une convention.

Les privilèges sur les immeubles sont au nombre de six,

1º Les contributions foncières de l'année échue ;

2º Les frais de mutation, d'enregistrement et d'inscription ;

3º Les alimens dus au donateur ;

4º La garantie des partages ;

5º Les condamnations judiciaires pour cause de crimes ou délits envers l'Etat ;

6º Les frais de justice.

Les privilèges, que l'article 2101 du Code civil énumère, s'étendant, d'après l'art. 2104, sur les immeubles en cas d'insuffisance des meubles, ne doivent pas inquiéter les propriétaires des droits réels ; c'est une conséquence rigoureuse du principe que nous avons posé. Car, d'après le Code civil même, si le débiteur de ces privilèges eût aliéné ses biens, qu'il en eût touché le prix, certes ses créanciers ayant un privilège général n'auraient pu venir inquiéter le nouveau possesseur. Pourquoi n'en serait-il pas de même à l'égard de ceux qui ont acquis les droits réels.

Ces créanciers privilégiés généralement doivent être considérés comme créanciers chirographaires, sauf à leur accorder une préférence sur eux; car à la différence des copropriétaires de droits réels, les créanciers personnels n'ont pas obtenu une translation de propriété; donc ils ne peuvent agir qu'en vertu d'une obligation.

Quant aux privilèges établis par l'art. 2103, pour le reliquat du prix dû au vendeur, pour les bailleurs de fonds, pour les architectes, pour les cohéritiers à l'égard des soultes ou retour de lot; ils seront transformés en hypothèques qui conserveront aux créanciers une garantie certaine.

2. *Du rang des Privilèges.*

Les privilèges, sauf ceux énumérés aux n°s 1 et 6, ne produisent d'effet entre les créanciers qu'autant qu'ils sont rendus publics par l'inscription sur des registres à ce destinés.

Ils s'exercent dans l'ordre ci-dessus établi, si les inscriptions sont de même date.

Les frais de justice sont toujours soldés par préférence au privilège et à l'hypothèque, pour lequel ils ont été faits.

Les contributions foncières et les frais faits pour leur recouvrement, priment toute espèce de créances, pourvu que dans les trois mois qui suivent l'année échue, on ait pris inscription pour la somme due.

Le privilège prime l'hypothèque, si les inscriptions

sont faites à même date, malgré l'antériorité du titre de celle-ci.

3. *Des Hypothèques.*

Si les tiers trouvent un grand avantage à ce que les privilèges soient rendus publics, il est peut-être encore plus impérieux qu'on ne puisse constituer aucune hypothèque occulte et générale.

De là découle que toute espèce d'hypothèque doit être sujette à l'inscription, que les biens à venir ne doivent pas en être susceptibles; car comment la rendre dans le premier cas publique, dans le second spéciale? Cependant dans l'intérêt du débiteur, il doit lui être permis de constituer une hypothèque sur les biens qu'il pourra par la suite acquérir, soit qu'il n'en possède point, soit qu'il n'en possède pas pour une valeur suffisante; mais alors afin de conserver à l'hypothèque, autant qu'il est possible, son caractère de spécialité, le conservateur ne fera l'inscription que sur une attestation du notaire dans laquelle il sera déclaré qu'il a été fait mention sur la minute de l'immeuble sur lequel l'hypothèque est assise, et pour quelle somme.

Ainsi, sauf cette exception, en thèse générale, il ne doit y avoir d'hypothèque valable que celle qui déclare spécialement la nature et la situation de chacun des immeubles actuellement appartenant au débiteur sur lesquels elle doit être assise.

La véritable garantie résulte donc de la publicité et de la spécialité des hypothèques. Pour leur donner ce double caractère, il ne suffit pas d'exiger d'un côté l'inscription, de l'autre l'affectation d'un immeuble, il faut encore que la somme pour laquelle elle doit être inscrite, soit certaine et déterminée.

L'hypothèque étant un démembrement du domaine n'en est pas pour cela tellement distraite qu'elle ne doive pas profiter des améliorations survenues à l'immeuble hypothéqué. Elle existe tant que la chose n'a pas péri ; si elle profite des avantages, elle subit aussi les pertes qui peuvent arriver ; elle demeure intimement unie à la chose, et suit toutes ses vicissitudes.

Il y a trois sortes d'hypothèques. La première, établie par l'effet direct de la loi, s'appelle légale ; la seconde, contituée par l'autorité due à la chose jugée, se nomme judiciaire, et enfin la troisième, résultant du consentement réciproque des parties, reçoit l'épithète conventionnelle.

1° De l'hypothèque légale.

La loi doit protéger les personnes qu'elle déclare incapables d'exercer leurs droits civils par eux-mêmes, et même ceux qui, ayant cette capacité, se trouvent dans une position précaire. La fortune des particuliers fait celle de l'Etat ; et plus on augmentera les garanties qu'ils ont droit d'attendre du législateur pour consolider leur avoir, plus on donnera de consistance à la fortune publique. La prospérité d'un gouvernement vient de la prospérité des citoyens.

L'hypothèque légale a lieu au profit,

1° De la femme mariée sur les biens de son mari, à moins que le contrat ne porte qu'ils se sont unis sous le régime dotal sans communauté d'acquêts, et que la dot de la femme soit constituée en immeubles ; mais si l'on a fait usage de la faculté accordée par lés articles 1557, 1558, 1559, l'hypothèque existe tant que le mari n'aura pas fait emploi des deniers dotaux.

2° Du mineur, de l'interdit, sur les biens des tuteurs.

3° De l'Etat, des communes, des établissemens publics, sur les biens des receveurs et administrateurs comptables.

4° De l'enfant, sur les biens du père administrateur.

5° Des créanciers chirographaires du défunt et des légataires, sur les biens de la succession.

2° De l'hypothèque judiciaire.

Les décrets de la justice doivent recevoir leur exécution ; or tout acte judiciaire exécutoire, qui condamne l'une des parties à consentir au profit de l'autre une hypothèque pour garant de sa créance, doit produire son effet.

Ici le gouvernement devrait régler d'une manière uniforme l'effet des jugemens rendus en pays étrangers, ainsi que l'effet des conventions qui y sont pressées. A cet égard le code napolitain a consacré les articles 2009 et 2014, mais il n'a pas encore atteint le but que doit se proposer le législateur.

Le soin de faire disparaître de notre législation l'incertitude qui y règne à cet égard appartient à la diplomatie. C'est elle qui peut trancher le nœud gordien d'un trait de plume ; or les intérêts des citoyens valent bien la peine qu'on s'en occupe quelque peu. Ne peut-on pas abandonner pour quelques instans cette politique nébuleuse, qui ensuite reprendra son sceptre obscur avec assez de vigilance pour le profit qu'en retire le bien général.

3° *De l'hypothèque conventionnelle.*

L'hypothèque conventionnelle est soumise, quant à sa validité extrinsèque, à toutes les formalités qu'exige la validité d'une obligation, et l'on pourrait avec raison élever la question de savoir par quel motif lés rédacteurs du Code civil ont exigé, dans l'article 2127, qu'elle pourrait seulement être consentie par acte authentique, quand on pouvait aliéner un immeuble sous signature privée. Ou l'on doit, pour être conséquent, refuser à l'écriture privée la puissance de contracter une obligation, ou, une fois ce principe admis, il ne faut pas l'entraver dans sa marche. Pour moi, je pense qu'on doit souverainement protéger les actes authentiques, mais pour cela il ne me semble pas raisonnable de frapper d'incapacité les actes privés. Qu'on diminue les frais qu'exigent les actes publics, de telle sorte qu'on ne trouve presque plus d'avantage sous ce rapport à contracter sous signature privée, alors ce sera rendre un véritable service, et augmenter l'importance du notariat tout en diminuant ces procès scandaleux en vérification d'écriture.

Si l'hypothèque est soumise comme obligation à la forme extérieure du contrat, elle est aussi sous l'empire des lois de capacité qui régissent les obligations. Ainsi suivant que l'exercice des droits civils sera, en tout ou en partie, accordé à celui qui consent une hypothèque, on devra, pour la validité de l'obligation, suivre telles ou telles formalités. En conséquence le contrat portant constitution d'hypothèque, ne peut recevoir son exécution et être valable qu'autant qu'il ne sera pas entaché de nullité , c'est-à-dire d'un vice de forme d'après la capacité des parties contractantes.

Il est aussi un principe de droit naturel qui domine toute espèce d'obligation , c'est qu'on ne peut transférer plus de droit qu'on n'en possède ; aussi lorsque l'on consent une hypothèque sur un droit suspendu ou résoluble par une condition , elle ne peut frapper ce droit qu'aux mêmes conditions auxquelles il est lui-même soumis. Alors l'obligation , comme obligation subsiste , mais la translation du droit est retardée.

4. *Du rang des hypothèques.*

Pour atteindre le but le plus utile en matière hypothécaire , il ne suffit pas de décider en thèse générale que l'hypothèque est spéciale et .publique , il faut encore que dans toutes ses parties la loi le proclame.

C'est pourquoi l'hypothèque soit légale , soit judiciaire , soit conventionnelle , ne peut avoir rang que du jour de l'inscription , prise sur les registres à ce destinés.

Il ne suffit pas de décider que le privilège et l'hypothèque n'auront d'effet que du jour de leur inscription. Comme il peut se faire que plusieurs contrats hypothécaires se présentent en même temps pour être transcrits; lequel devra primer l'autre? Dans cette circonstance, les créanciers qui ont fait inscrire le même jour leur hypothèque , doivent être payés par contribution , sans distinction entre l'inscription du matin et celle du soir , pourvu toutefois que leurs titres soient d'égales dates ; car autrement, ainsi que nous l'avons établi pour les créanciers chirographaires, le plus ancien doit jouir de la préférence.

5. *De ceux qui ont le droit de faire faire l'inscription.*

La première idée qui se présente est que celui-là seul, ou ses représentans, au profit duquel un privilège où une hypothèque est établie, peut en poursuivre l'inscription. En effet, un tiers pourrait-il venir me contraindre à exécuter l'obligation que j'ai souscrite en faveur d'un autre, quand il n'est pas intéressé? n'aurai-je pas toujours le droit de le repousser puisque je ne suis pas son débiteur? Mais il en serait autrement s'il agissait en vertu de pouvoirs émanés de mon créancier, alors il le représente; et à mon égard c'est toujours la même personne civile.

Toutefois, comme il y a des personnes qui réclament la bienveillance spéciale du législateur, en raison de leur incapacité, soit physique, soit morale, il est nécessaire que l'inscription puisse être quelquefois prise d'office. Telles sont celles auxquelles la loi accorde pour cette cause une hypothèque spontanée, c'est-à-dire au profit de la femme mariée, du mineur, de l'interdit, de l'Etat, des communes, des établissemens publics et de l'enfant.

Ainsi l'inscription pourra être prise par les père et mère, par le juge de paix, par le maire, par le ministère public, par le conservateur et même par tout héritier présomptif. Mais pour assurer davantage l'exécution de cette formalité, des règles particulières ne seront peut-être pas dépourvues de toute utilité.

A l'égard de l'hypothèque légale de la femme mariée, toutes les fois qu'il aura été fait un contrat de mariage, le notaire ne pourra le faire enregistrer qu'autant qu'il certifiera, par un extrait en due forme, que l'inscription est faite pour la valeur de la dot (1), si la dot est constituée en argent, ou pour la partie de la dot ainsi constituée.

Si le mari ne possède point ou pas assez d'immeubles, les parties devront stipuler dans le contrat, qu'elles renoncent à l'hypothèque légale pour la somme dotale non hypothéquée, jusqu'à ce que le mari ait acquis un héritage. Cependant l'hypothèque n'aura d'effet à l'égard des tiers que du jour où l'inscription aura été prise sur les acquisitions postérieures.

Pour ce qui est des femmes mariées sous le régime de la communauté légale sans contrat de mariage, l'hypothèque ne pourra non plus être occulte et générale ; elle ne produira effet contre les tiers de bonne foi, que du jour de l'inscription. Car l'hypothèque légale résultant de l'autorité de la loi sans aucune manifestation publique, compromet et bouleverse la fortune des tiers acquéreurs ou prêteurs (2).

----

(1) Il faudrait pour le cas de mariage dispenser les notaires de faire enregister leurs actes dans le délai de la loi.

De plus on devrait leur défendre, à peine de tous dommages et intérêts, de faire aucune expédition que sur le certificat du maire, constatant la célébration, lequel restera joint à la minute. En outre ils ne pourront en faire la délivrance qu'après avoir envoyé un double certificat au maire et au greffier, qui en feront mention en marge sur les registres, constatant qu'un contrat de mariage a été passé en telle étude.

Par là on évitera une fraude, qui est à ma connaissance. Des époux avaient fait deux contrats à jours différens ; le mari a fait des aliénations en présentant un acte qui avait toutes les formes requises ; plus tard, invoquant le second contrat, la femme a fait annuler les ventes.

(2) Pour conserver aux femmes mariées l'avantage que semble

Les biens immobiliers propres ou paraphernaux qui écherront à la femme durant le mariage, se trouveront par cela seul hypothéqués; car pour opérer la mutation, elle se fera au nom de la femme, qui alors sera bien obligée de déclarer qu'elle a cessé d'être libre.

Quant aux biens éventuels mobiliers, les débiteurs seront contraints de poursuivre l'inscription de leur valeur, s'ils ne veulent courir la chance d'avoir mal payé; à moins que la femme ne déclare dans la quittance qu'elle est libre.

On pourrait aussi prendre certaines précautions pour que les acquêts, au bout d'un certain laps de temps, devinssent, pendant le mariage, des propres par l'effet de l'inscription. Mais ceci sanctionné par le législateur ne peut guère avoir lieu que par le consentement réciproque du mari et de la femme. Ils en feraient à l'amiable l'évaluation.

A l'égard de l'hypothèque légale du mineur, de l'interdit, le code napolitain contient des dispositions

leur procurer l'hypothèque légale, occulte et générale, il serait utile de réformer le système de la société conjugale en un point essentiel. Ce serait d'abroger l'article 1393 qui déclare le régime de la communauté, le droit commun de la France, et lui substituer le régime dotal avec communauté d'acquêts. Dans la communauté le mari a tant de facilité pour contraindre sa femme à consentir une aliénation, que quoique incapable, elle est trop souvent victime de sa faiblesse.

Ce ne serait qu'avec avantage aussi qu'on restreindrait la capacité des femmes mariées. Pourquoi ne les assimilerait-on pas aux mineurs, qui ne peuvent jamais, par leur fait personnel, rendre leur condition pire? L'autorisation maritale ne devrait pas suffire pour obliger la femme, on devrait toujours invoquer l'autorisation judiciaire.

Cette note soulève une question du plus haut intérêt. Un jour peut-être nous pourrons nous en occuper plus spécialement.

utiles. On y déclare que le juge de paix et son greffier ne peuvent , à peine de suspension ou de peines plus graves et de tous dommages et intérêts , expédier aucune délibération du conseil de famille, sans qu'on leur ait justifié de l'inscription prise au profit de l'incapable. Le certificat qui la constaterait devrait rester joint à la minute de la délibération.

Comme toute hypothèque doit être spéciale et déterminée , le conseil de famille devrait décider la somme à laquelle doit s'élever l'hypothèque légale et désigner les biens qu'elle devrait affecter.

Pour l'hypothèque en faveur de l'Etat, des communes et des établissemens publics , ce serait à l'administration , aux conseils municipaux et d'administration qu'appartiendrait le droit de désigner les biens des agens comptables qui devraient être hypothéqués ; ce serait eux aussi qui détermineraient la somme pour laquelle l'inscription serait prise.

Le juge de paix assemblera d'office un conseil de famille , qui désignera les biens du père administrateur qui seront affectés , et déterminera la somme à laquelle elle doit s'élever.

L'inscription d'une hypothèque légale peut être augmentée comme réduite. Elle sera augmentée toutes les fois que la fortune mobilière de celui au profit duquel elle est établie se trouvera accrue par une cause quelconque; et le débiteur ne pourra se libérer valablement, qu'autant que l'inscription aura été prise pour la somme constituant sa dette, à moins qu'il y ait pénurie d'immeubles.

L'hypothèque légale, au profit des créanciers et des légataires, ne peut être inscrite que par leurs ordres , s'ils ne sont pas rangés dans la classe des incapables.

Après nous être occupé de l'inscription à prendre pour la conservation des hypothèques, il nous reste à parler des privilèges qui peuvent avoir des règles spéciales.

Les privilèges pour les contributions, les frais de mutation, d'enregistrement, d'inscription, et les condamnations judiciaires, seront inscrits à la diligence des receveurs, préposés et greffiers, et en outre du juge de paix, du maire, du ministère public et du conservateur.

La transcription de l'acte de donation vaudra inscription pour le privilège établi en faveur du donateur, en raison des alimens que peut lui devoir un jour le donataire. Le conservateur devra d'office l'inscrire au nombre des droits réels qui démembrent le domaine.

La garantie des partages qui constitue un privilège pourra être inscrite d'office par le conservateur, ou sur la réquisition du préposé aux mutations, ou du receveur de l'enregistrement. Mais si l'un des cohéritiers se trouve incapable, toutes les personnes qui peuvent prendre l'inscription de l'hypothèque légale auront le même droit. L'inscription prise au profit de l'un des cohéritiers profitera à tous les autres.

Les frais de justice primant toujours le privilège ou l'hypothèque, en un mot le droit réel, pour lequel ils ont été faits, n'ont pas besoin d'être inscrits.

6. *Du mode de l'inscription.*

Les privilèges et les hypothèques étant spéciaux, l'inscription ne peut se faire qu'au bureau de l'arrondissement dans lequel sont situés les biens soumis à l'hypothèque ou privilège.

Pour faire inscrire on n'a qu'à représenter l'acte constitutif ou une expédition ; excepté pour les hypothèques légales et les privilèges.

Toute personne qui aura droit de requérir une inscription, présentera un double bordereau contenant :

1° Les nom, prénoms, domicile, âge et lieu de naissance du créancier, sa profession, s'il est marié en premières ou secondes noces, et élection de domicile dans l'arrondissement.

Il lui sera toujours loisible de changer ce domicile pourvu qu'il en élise un autre dans le même arrondissement.

2° Les nom, prénoms, domicile, âge et lieu de naissance du débiteur, sa profession, s'il est marié en premières ou secondes noces.

3° La date et la nature du titre.

4° Le montant du capital des créances exprimées dans le titre, ou leur évaluation (si les créances étaient conditionnelles, éventuelles ou indéterminées), le montant des accessoires, l'époque de l'exigibilité, et le taux des intérêts, s'il en est dû.

5° L'indication de l'espèce et de la situation des biens grevés du privilège ou de l'hypothèque ; son nom, sa désignation par tenant et aboutissant, et celle qu'il occupe dans les matrices cadastrales.

Le conservateur inscrira sur les deux bordereaux que l'inscription est faite, à dater du jour où ils lui auront été présentés ; il en remettra un signé de lui à la personne qui aura requis l'inscription.

7. *De l'effet de l'inscription.*

L'inscription détermine l'ordre d'acquittement des

créances dont elle assure le remboursement aux créanciers ; à moins qu'elle n'ait été faite postérieurement à l'énonciation d'un fait qui déclare le débiteur incapable.

Ainsi le détenteur d'un immeuble, ne possédant qu'un seul des droits réels dont la réunion forme le domaine, est contraint d'acquitter tous ceux qui ont été distraits et inscrits antérieurement à sa mise en possession, s'il veut acquérir le domaine ou se libérer ; il ne peut se dispenser d'acquitter intégralement ceux qu'il a lui-même démembrés de la propriété.

Par le délaissement de l'immeuble, il est libéré comme obligé réellement ; mais il doit demeurer obligé personnellement, si tel est l'effet de sa qualité de débiteur.

L'inscription d'un privilège, d'une hypothèque, conserve son effet pendant dix ans ; excepté pour le privilège des alimens dus au donateur, qui sera valable durant toute sa vie, et pour les hypothèques légales, en faveur de la femme mariée, du mineur, de l'interdit, de l'Etat, des communes, des établissemens publics et de l'enfant, qui n'auront besoin d'être renouvelées pour continuer leur effet, que dans les trois ans qui suivront la cessation de la cause pour laquelle elles auront été constituées.

Celle de la femme, à dater de la dissolution du mariage ; celle du mineur, de sa majorité ; celle de l'interdit, de la levée de son interdiction ; celle de l'Etat, des communes, des établissemens publics, de la cessation des fonctions des agens comptables ; celle de l'enfant, de sa majorité.

Ainsi, pour conserver son rang, l'inscription devra être renouvelée avant l'expiration de ces divers délais. S'ils se sont écoulés, l'inscription que l'on requerra ensuite, n'aura d'effet que du jour où elle aura été de nouveau prise. Elle ne pourra préjudicier aux inscriptions qui lui deviennent antérieures.

8. *De l'acquittement forcé des intérêts de la dette à leurs échéances.*

Pour jouir des intérêts d'un capital placé avec garantie sur un immeuble, les voies ordinaires sont toujours pénibles et souvent ruineuses.

Les saisies mettent trop d'entraves; le débiteur est dans cette fâcheuse alternative, ou d'emprunter pour faire valoir, ou de laisser incultes ses propriétés. Alors il me semble préférable d'accorder au créancier le droit d'antichrèse sur l'immeuble, après commandement de payer.

Ce droit sera consenti par le débiteur, ou ordonné par justice, sur assignation, sans autre procédure. Les frais seront à la charge du débiteur.

9. *De la cession du privilege ou de l'hypotheque.*

Le prêt ordinaire est simple dans sa forme et dans sa manière d'être transmis. Le prêt hypothécaire, au contraire, demande une cession par acte authentique, avec dénonciation au débiteur.

Il serait plus simple et plus facile de permettre la cession d'un privilège ou d'une hypothèque par la voie de l'endos. A cet effet, le propriétaire requerrait du notaire une grosse, sur laquelle serait énoncé qu'il est loisible au détenteur d'en transférer la propriété à un autre.

Comme il pourrait n'avoir besoin que d'une partie

de ses fonds, il aurait la faculté de se faire délivrer plusieurs grosses, et sur chacune le notaire énoncerait la somme et la date de chaque délivrance.

Le notaire inscrirait sur la minute la somme et la date de chaque grosse, de telle sorte que jamais la réunion de ces diverses sommes ne puisse dépasser la somme principale. Il sera passible de tous dommages et intérêts, et même de peines graves, s'il contrevenait à ces formalités.

Maintenant, pour éviter que l'emprunteur ne dégrève sa propriété, en acquittant la dette entre les mains du créancier originaire, l'un des endosseurs n'aura qu'à se présenter au conservateur, qui fera l'énonciation que tel droit privilégié ou hypothécaire a été aliéné pour telle somme. Il en fera mention sur la grosse endossée.

Parmi les acquéreurs de ces droits, la date de l'énonciation déterminera le rang qu'ils occupent pour l'acquittement. Si les énonciations sont faites à même jour, ou si elles ne l'ont pas été, ils seront payés suivant la date de l'expédition de la grosse, et si les expéditions portent la même date, par contribution.

Ce système offre les avantages suivans :

1º On évite les frais et les longueurs ;

2º On donne une valeur réelle à ces sortes de billets ou lettres de change, on offre une garantie réelle ; ce n'est plus, comme dans le prêt ordinaire, le crédit seul qui en est la base fondamentale.

3º On a un moyen facile, économique et prompt pour avoir de suite, en tout ou en partie, des fonds, lorsqu'un besoin urgent se fait sentir avant l'échéance.

Bien plus, si, à son échéance, la créance n'était pas remboursée, le créancier jouirait des mêmes avantages pour céder son droit à un tiers, qui pourrait accorder de nouveaux délais, ou attendre au moins le temps nécessaire pour exécuter un remboursement forcé.

De cette manière les capitaux reflueraient facilement dans les campagnes; ce serait le moyen d'en chasser les intérêts usuraires qui ruinent les possesseurs d'immeubles. Ce serait une nouvelle monnaie, ayant une valeur bien plus certaine que les billets à ordre et les lettres de change.

Si l'on craint par là de mobiliser trop facilement les immeubles, on devrait au moins diminuer les frais accessoires qui environnent les prêts immobiliers; car de cession en cession, on finit par avoir absorbé le capital en frais.

10. *De la réduction de l'inscription.*

Une inscription sera réputée excessive, et sujette à réduction, toutes les fois que le taux de l'intérêt, stipulé dans la créance, ne sera pas en rapport avec le revenu de l'immeuble; excepté cependant lorsqu'il sera moindre de cinq pour cent.

La demande en réduction sera ordonnée par justice, après avoir assigné le créancier, qui pourra l'accorder à l'amiable, avant comme après l'ajournement.

Sera réduite de droit toute créance sur laquelle on aurait donné un à-compte. Il suffira, au débiteur, de donner au conservateur un extrait de la quittance, et, sur le double, il énoncera que la réduction est opérée.

11.ᵉ *De l'acquittement forcé du capital.*

Si le domaine est l'agglomération de tous les droits réels, lorsque le propriétaire en a aliéné un il a détruit sa propriété absolue, il n'est propriétaire du domaine qu'avec le secours du propriétaire de ce droit réel aliéné. Alors dans l'indivision de ces droits réels exigibles, un copropriétaire doit, ce me semble, avoir le même droit que l'un des copropriétaires d'un immeuble. Ainsi, assimilant sous ce rapport les codroits réels exigibles, avec les copropriétés, nous évitons l'expropriation forcée, toujours difficile et ruineuse.

Il suffirait donc de déclarer que dix jours après avoir fait sommation d'une dette privilégiée ou hypothécaire exigible, le créancier aurait la faculté de poursuivre le partage de l'immeuble.

Sur son évaluation, on déterminerait la portion à laquelle chacun des propriétaires de droits réels aurait droit.

Si le débiteur trouve que l'évaluation n'est pas assez élevée, ou si l'immeuble est impartageable, l'on poursuivra la licitation.

Chaque créancier hypothécaire ou privilégié, qui se trouverait lésé par le partage, aurait le droit de provoquer la licitation dans les dix jours qui suivront le partage.

Il sera permis à tout créancier privilégié ou hypothécaire, et au débiteur, de surenchérir dans les dix jours de la vente.

Pour le débiteur, la surenchère sera du sixième du prix de l'adjudication; mais pour les créanciers inscrits, du sixième de la somme pour laquelle l'immeuble est engagée au surenchérisseur (1).

Le créancier privilégié ou hypothécaire a le droit d'exiger deux années d'intérêts, non compris l'année courante.

12. *Du recours en cassation.*

D'après l'institution de la cour de cassation, le recours n'est pas suspensif; c'est un tort, et un tort grave. Il serait à souhaiter qu'on lui accordât toujours cet effet en simplifiant toutefois la procédure, dont la marche est beaucoup trop lente en matière civile. Il serait aussi utile d'en alléger les charges. Les frais et la lenteur rebutent les justiciables, et dans tous les cas leur causent un préjudice considérable.

En entrant dans les voies d'améliorations, un grand changement serait aussi nécessaire quant à sa compétence. Pourquoi ne pourrait-on pas recourir en cassation contre un jugement en premier ressort, comme contre celui qui termine le différend, dans le cas où la partie condamnée accepte comme vraie la solution donnée sur les faits, puisqu'elle ne se plaint que d'une violation de la loi. Le législateur doit-il l'obliger à intenter une action au tribunal supérieur pour de nouveau discuter la question de fait, qu'elle ne nie pas. En définitive pour attaquer ou défendre en cassation, n'est-ce pas un circuit qu'il est important de faire disparaître?

Si le recours en cassation avait lieu de cette manière,

______

(1) L'édit piémontais du 16 juillet 1822, décide que la surenchère ne sera que du sixième.

il n'y aurait aucun inconvénient à le déclarer suspensif, et même dans l'état actuel dans mainte et mainte occasion, il serait de la plus haute importance.

Un jugement ordonne l'expropriation, une adjudication s'ensuit; dans notre système, une licitation a lieu, ou bien encore un jugement ordonne la radiation d'une hypothèque. Le recours en cassation n'étant pas suspensif, on est exproprié, l'immeuble est vendu, ou l'hypothèque est radiée, lorsque le pourvoi est admis et que l'acte judiciaire est cassé; que faire alors, où s'adresser? un nouveau propriétaire possède à juste titre. Un créancier inférieur ou un nouveau créancier hypothécaire a remplacé le créancier dont l'inscription a été radiée. Il est donc utile, impérieux même de déclarer le recours en cassation suspensif. C'est une nécessité du premier ordre.

13. *De l'extinction des privileges et des hypotheques.*

Après avoir parlé de la manière dont les privilèges et les hypothèques s'établissent, il nous reste à montrer comment elles s'éteignent.

1° Lorsque le créancier y renonce formellement;
2° Lorsqu'il a resté trente ans sans faire inscrire;
3° Lorsque l'obligation principale est éteinte.

La radiation pour l'une de ces causes sera la preuve de son extinction.

14. *De la radiation.*

Le conservateur fera la radiation de l'inscription, sur la présentation de l'acte de désistement du créancier; sur l'acte constatant que la dette est éteinte; et enfin sur la preuve, pour les hypothèques légales et pour les privilèges, que la cause a disparu. On lui laissera toujours un double. L'extinction de l'obligation principale du privilège et de l'hypothèque, pour cause de prescription, ne fera radier l'inscription prise trop tard qu'en vertu d'un jugement.

On ne peut invoquer la compensation en matière hypothécaire comme extinction de l'obligation principale, si elle portait préjudice à un créancier inscrit.

En vertu de la purge, l'hypothèque et le privilège seront radiés sur un double certificat délivré par le greffier, constatant que le prix de l'immeuble a été distribué aux créanciers privilégiés et hypothécaires.

Si la purge s'opère par le partage, il y aura transcription du titre, et par conséquent translation de propriété.

15. *De la purge.*

Dans notre système, la purge n'a plus le même intérêt ou la même importance ; puisque toute la garantie résulte de l'inscription qui ne peut être radiée qu'après que les propriétaires de droits réels ont été indemnisés.

La purge n'est utile que dans le cas où le prix de l'immeuble n'acquitterait pas toutes les sommes pour lesquelles on a pris des inscriptions privilégiées ou hypothécaires, car les autres droits réels ne peuvent être distraits.

En conséquence, un immeuble sera purgé du privilège et de l'hypothèque par le partage ou la licitation, les créanciers inscrits, les seuls qui ont droit sur l'immeuble dûment appelés, et le délai de la surenchère expiré.

§ IV. DES REGISTRES.

Les registres, quoique d'un objet secondaire, ont cependant une grande importance, puisque ce sont eux qui conservent la fortune des particuliers. Quatre nous paraissent essentiellement utiles. Le premier contiendrait la nomenclature par ordre alphabétique de tous les propriétaires des droits de possession : ce serait le registre des propriétaires, il renverrait au registre dont nous parlerons en quatrième ordre. Le second contiendrait de la même manière, la liste des propriétaires des autres droits réels. Le troisième renfermerait la transcription entière de tous les actes transférant le domaine, et de ceux en vertu desquels le droit de possession serait distrait définitivement ou provisoirement. Enfin le quatrième (1), le plus essentiel de tous sans contredit, destiné d'une manière plus spéciale à la conservation des droits réels, devrait être divisé en quatre colonnes principales, contenant :

1° Le nom de la propriété, avec ses confins ; le nom du quartier où elle se trouve d'après les matrices cadastrales et l'usage des lieux ; son estimation et sa nature ;

2° Le nom du possesseur et l'indication du titre de possession ;

3° L'énumération des droits réels distraits du domaine ;

4° Le nom des cédans, qui ont aliéné les démembremens.

____

(1) Nous avons emprunté la forme matérielle de ce registre au Code bavarois, composé de trois lois du 1er juin 1822, suivie d'une instruction du 13 mars 1823.

De cette manière, on aurait la généalogie des propriétés, ou pour mieux dire, leur état civil. En effet,
veut-on connaître les charges qui grèvent telle ou telle
propriété? deux moyens sont offerts.

1º On recherche le nom du propriétaire dans la
table alphabétique ;

2º Le nom de l'immeuble ou son indication.

Veut-on connaître un propriétaire de droit réel?
même voie.

Ainsi, en joignant l'état nominatif des héritages à
l'état nominatif des personnes, le système de transmission des biens devient extrèmement simple ; au
lieu de chercher seulement les propriétaires dont les
noms changent sans cesse, on n'aura qu'à chercher la
propriété dont le nom et la nature sont presque immuables, et dont surtout la situation ne change jamais.

L'effet de l'inscription sur le quatrième registre
serait de conserver, jusqu'à radiation, la propriété
de tous les droits réels, sans qu'il soit jamais nécessaire de renouveler l'inscription qui en aurait été
faite, excepté pour l'antichrèse, le privilège et l'hypothèque qui auront toujours besoin d'être renou-
velés avant l'expiration des dix ans.

1. *De l'énonciation.*

L'énonciation se fait sur le quatrième registre; elle
a lieu,

1º Lorsqu'il s'élève des contestations sur la propriété d'un droit réel ; alors sur le vu de l'assignation donnée pour vider le différend, le conservateur
fait l'énonciation, en déclarant sur l'original qu'elle
est faite ;

2° Quand un mariage est déclaré nul, elle se fait sous le nom de la femme pour ses biens propres, dotaux ou paraphernaux ; sous celui du mari, si l'on a pris hypothèque pour sûreté de la dot ;

3° Si la société conjugale est détruite par une séparation de biens, il en est fait mention comme précédemment ;

4° S'il y a séquestre, l'énonciation aura lieu, si déjà on ne l'a faite, par un ajournement pour la même cause ;

5° Quand un débiteur laisse protester un billet, le créancier peut requérir l'énonciation tant sur les biens du souscripteur que des endosseurs, contre lesquels il a recours ;

6° Toute faillite déclarée devra être énoncée sur tous les biens du débiteur, à sa requète en déposant son bilan, à peine d'être condamné comme banqueroutier frauduleux, si les parties lésées le requièrent ;

7° Quand une partie est incapable de contracter, on doit énoncer si les formalités voulues par la loi ont été suivies ;

8° On énonce toute opposition à fin d'inscription ;

9° La dissolution d'une société sera aussi énoncée ;

10° Des jugemens portant interdiction ou nomination d'un conseil judiciaire ainsi que leur main-levée, seront énoncés sous le nom de la propriété et de l'incapable ;

11° Quand il s'élève une contestation sur l'état d'une personne, on peut faire l'énonciation pour la conservation soit de ses droits, soit de ceux des tiers.

L'effet de l'énonciation est de conserver les droits de celui qui la requiert, et d'annoncer aux tiers les risques qu'ils courent en contractant. Toute inscription prise postérieurement à une énonciation ne peut causer aucun préjudice à celui qui l'a fait faire , mais elle conservera son effet à l'égard du débiteur et des créanciers chirographaires.

2. *De la transcription.*

Tout acte en vertu duquel le droit de possession sera transmis à un tiers, devra être transcrit en entier sur le registre à ce destiné. Le droit réel de possession remplace en grande partie le droit de propriété dans le langage ordinaire. Or, il me semble utile que les actes qui produisent un si grand effet soient conservés en double.

Sont soumis à la transcription :

1° Les actes contenant concession de dessèchement ;
2° Les contrats de mariage ;
3° Les donations entre-vifs ou testamentaires ;
4° Les institutions contractuelles ;
5° Les actes d'échange , de vente, de partage ;
6° L'adjudication aux enchères ;
7° Les actes de société ;
8° Les actes contenant substitution ;
9° Les acceptations et répudiations de successions ;
10° Les envois en possession provisoire ou définitif en vertu de jugement.

3. *De l'effet de la transcription.*

La translation de propriété devant être notoire, l'effet de la transcription est facile à connaître. La

certitude d'un droit aussi important ne doit pas être
révoqué en doute. De là cette manifestation publique
et immuable, opérée par des registres à ce spécialement
destinés. Les tiers doivent pouvoir contracter en toute
assurance, et le devoir du législateur est de leur en
procurer les moyens. Or, le certificat délivré par le
conservateur les leur procurera : ce ne sera donc que
par leur faute s'ils éprouvent des pertes, la translation du droit réel de possession, le plus important
de tous, ne pouvant avoir lieu que par le fait de la
transcription.

Ainsi nul n'aura le droit de contester la possession
d'un immeuble, au préjudice de l'acquéreur qui aura
fait transcrire son titre, à moins qu'il n'ait une inscription prise antérieurement.

S'il s'élève un différend, le droit par l'énonciation restera en suspens jusqu'au jugement définitif
et en dernier ressort, qui déterminera celui des plai-
deurs qui doit être inscrit comme propriétaire.
Toute inscription antérieure à l'énonciation aura son
plein et entier effet à l'égard des tiers, puisqu'ils
étaient instruits, ou du moins avaient la facilité de
connaître en quel état se trouvait le domaine entre
les mains du possesseur.

4. *De ce que doivent contenir les extraits d'inscription.*

Les conservateurs doivent donner une copie exacte
du registre destiné à la conservation des droits réels.

Ils doivent faire remonter leurs extraits à une
possession centenaire, pour que l'acquéreur d'un
droit réel puisse apprécier toutes les causes d'éviction
qui pourraient résulter, soit d'une pétition d'héré-

dité, soit d'une déclaration d'absence, soit d'une réduction ou d'une révocation d'une donation pour cause d'inexécution des conditions ou de survenance d'enfans.

5. *De la publicité des registres.*

Si la publicité est un grand bien, il n'est cependant pas nécessaire que tout le monde soit initié dans les secrets d'une famille, et que le premier venu puisse évaluer votre position de fortune en propriétés foncières. Les registres doivent être publics en ce sens qu'il appartienne aux seuls intéressés, c'est-à-dire aux seuls propriétaires de droits réels, de requérir un extrait d'inscription. Toutefois pour ménager les intérêts des tiers qui pourraient avoir quelques prétentions, il leur sera loisible de requérir une ordonnance de référé qui forcerait le conservateur à délivrer un extrait. L'ordonnance ne sera accordée que sur cause déterminée, après avoir fait demander au conservateur, par l'intermédiaire d'un huissier, si la cause existe. Ainsi, par exemple, s'il existe une donation de telle à telle personne, une hérédité d'un tel, etc.

6. *De la responsabilité des conservateurs.*

Toute personne qui, par son fait ou sa faute, a causé à autrui un préjudice, en est responsable : voilà une règle générale qui s'applique aussi bien à celui qui excerce des fonctions qu'à celui qui leur est étranger.

En conséquence, les conservateurs seront responsables des erreurs et omissions qu'ils feraient, soit sur les registres, soit sur les extraits qu'ils délivreraient.

Comme fonctionnaires publics, ils encourront des peines suivant la gravité des circonstances ; s'il y a, par exemple, fraude, altération, etc.

CHAPITRE VI.

CONCLUSION.

Je viens de présenter un système qui repose sur cette base : Que nul ne peut ni acquérir ni perdre un droit réel sur tel ou tel héritage, ou sur tel ou tel corps de biens, si le titre n'est inscrit sur les registres destinés à la conservation des droits réels.

L'adopter, serait créer l'état civil de toutes les propriétés immobilières de la France, ainsi que leur généalogie. Par la déclaration de la valeur et du revenu de chaque parcelle de terre, il serait facile de connaître le revenu et la valeur du territoire français, et asseoir l'impôt d'une manière plus juste et plus uniforme.

Les acquéreurs de droits réels, dans lesquels se trouvent les acheteurs et les créanciers, obtiennent une garantie certaine. Les causes d'éviction deviennent rares, et la propriété reprend la stabilité qu'elle doit avoir.

Tels sont les résultats que j'ai desiré obtenir. Puissé-je les avoir obtenus, ou seulement avoir éveillé la controverse sur ce point important !

FIN.

TABLE DES MATIÈRES.

FIN DE LA TABLE.